Carl Zeller

Text der Gesänge: Der Obersteiger

Operette in drei Aufzügen

Carl Zeller

Text der Gesänge: Der Obersteiger
Operette in drei Aufzügen

ISBN/EAN: 9783743695382

Hergestellt in Europa, USA, Kanada, Australien, Japan

Cover: Foto ©Thomas Meinert / pixelio.de

Weitere Bücher finden Sie auf **www.hansebooks.com**

Text der Gesänge.

Der Obersteiger.

Operette in drei Aufzügen

von

M. West und **L. Held.**

Musik von

Carl Zeller.

Uebersetzungsrecht vorbehalten.
Den Bühnen gegenüber als Manuscript gedruckt.

Eigenthum der Verlagshandlung.

Leipzig. **Bosworth & Co.** London, W.
Salomonstr. 10.   **Paris.**   4, Berners Str.
13 Faubg. Montmartre.

Im Verlage von BOSWORTH & Co., Leipzig u. London, erschien aus der Operette:

„Der Obersteiger"

Musik von Carl Zeller.

	Mk.	fl.
Clavier-Auszug mit Text . . . . . . netto	7.50	4.50
do. ohne Text . . . . . netto	5.—	3.—
Text der Gesänge . . . . netto	—.50	—.30
*Potpourri No. 1 und 2 für Piano . . . . à	2.50	1.50
Potpourri zu vier Händen	4.—	2.40
*„Grubenlichter", Walzer für Piano	2.—	1.20
*Obersteiger-Marsch für Piano	1.20	—.72
*„Ah, das ist der Obersteiger", Polka franç. f. Piano	1.20	—.72
*„Schöne Frau!", Polka-Mazurka für Piano . .	1.20	—.72
*„Bin schon da!", Polka schnell für Piano . .	1.20	—.72
*Quadrille nach Motiven der Operette für Piano	1.30	—.78
*Lied, „Sei nicht bös!" für Piano	1.20	—.72
do. für Piano und Violine .	1.50	—.90
do. f. Pianof. u. Mandoline	1.50	—.90
do. f. Pianoforte u. Cornet	1.50	—.90
Martin-Walzer (Sei nicht bös!), Walzer für Piano	2.—	1.20
do. Walzer für Piano 4 ms.	2.50	1.50
do. Walzer f. Piano u. Viol.	2.50	1.50
do. Walzer f. Pianof. u. Flöte	2.50	1.50
do. Walzer für Violine solo	1.—	—.60
do. Walzer für Flöte solo .	1.—	—.60

Für Gesang und Piano:

	Mk.	fl.
*Lied, „Sei nicht bös!" für hohe Stimme . . .	1.50	—.90
do. für tiefe Stimme . . .	1.50	—.90
Duett, „Mag mein Schatz wie immer sein" . .	2.—	1.20
Terzettino, „Mädel, Mädel guck"	1.50	—.90
Terzettino f. 1 Singstimme einger. (hoch u. tief)	1.20	—.72
Couplet, „Der alte Bergmann"	1.20	—.72
Couplet, „Der Bureaukrat thut seine Pflicht" .	1.20	—.72
Duett, „Schöne Frau, nie wollt ich's wagen" .	1.50	—.90
Duett, „Der Tag bricht an"	1.50	—.90
Entrée-Lied, „Dort in den Bergen drinn'" . .	1.20	—.72
Lied, „Der Bergmann, der vom Leder" . . .	1.20	—.72

Für Zither (Violin- und Bassschlüssel):

	Mk.	fl.
Grubenlichter-Walzer	1.50	—.90
Obersteiger-Marsch	1.—	—.60
„Ah, das ist der Obersteiger!", Polka franç. .	1.—	—.60
Lied, „Sei nicht bös!"	1.20	—.72
Couplet, „Der alte Bergmann"	1.—	—.60
„Schöne Frau!", Polka-Mazurka	1.—	—.60

* *Auch für Streich-Orchester, Militär-Musik und Blasmusik erschienen.*

Personen.

Fürst Roderich, Majoratsherr.
Die Comtesse.
Zwack, fürstlicher Bergdirector.
Elfriede, seine Frau.
Tschida, fürstlicher Salinenadjunkt.
Dusel, fürstlicher Materialverwalter.
Martin, der Obersteiger.
Nelly, Spitzenklöpplerin.
Strobl, Wirth.

Bergleute. Spitzenklöpplerinnen. Festgäste.

Zeit der Handlung: In der ersten Hälfte dieses
Jahrhunderts.
Ort der Handlung in Süddeutschland und zwar: Der
1. Akt beim fürstlichen Bergwerk Marienzeche; der
2. Akt in einer kleinen Residenzstadt; der 3. Akt im
Schloßgarten der Comtesse.

Erster Act.

Nr. 1. Introduction.

Chor.

Hört endlich auf und sputet Euch!
's ist sieben gleich!
Fort mit den Karten!
Laßt uns nicht warten!
Es ist genug!
Gleich kommt der Zug!
Hört das Signal!
Hört Ihr nicht der Pfeife Schall?
Das ist die Bahn!
Der Zug kommt an!
Der Zug, wie klein! nur zwei Waggon!
Der reine Hohn!
Und wenig Leut'!
So eine Bahn, das ist eine Freud'!

Wir hab'n jetzt eine Bahn,
Es ist zwar nicht viel dran!
Fährt täglich zweimal hin und her,
Doch die Coupé's sind meistens leer!
Wohl kommen Fremde an,
Es ist zwar nicht viel dran!
Die sehen sich das Bergwerk an,
An dem ist aber auch nichts dran!
Man möchte wohl verzweifeln schier,
Vergnügt ist Niemand hier,
Als die Knappen und die Spitzenklöpplerinnen,
Weil die manchmal Geld verdienen,
Dann und wann —
Doch viel ist auch nicht dran!
Sogar ein Telegraph
Ist da, der wär' ganz brav!
Doch steht er wochenlange still,
Weil die Maschin' nicht gehen will,
Und geht er endlich doch,
Kommt uns der Spaß zu hoch!
Ja, wir hab'n jetzt eine Bahn,
Es ist zwar nicht viel dran!
Doch machen wir uns gar nichts draus,
Sonst lachen uns die Leute aus!
Einmal kommt doch wer an,
An dem vielleicht was dran!
Drum freu'n wir uns der Bahn!

     Strobl.

Ah, das ist mir noch niemals passirt!

     Chor.

Was denn?

     Strobl.

Mir hat wer telegraphirt!

     Chor.

Wer denn?

Strobl.
Ein Zimmer gleich reservirt!

Chor.
Wo denn?

Strobl.
Ich komme heut' mit dem Siebnerzug —

Chor.
Siebnerzug?

Strobl.
Aber der Name fehlt —

Chor.
Ah, der fehlt?

Strobl.
Ich werde daraus nicht klug!

Chor.
Haha! ihm hat wer telegraphirt!
Ein Zimmer gleich reservirt,
Er kommt heut' mit dem Siebnerzug!
Na, das ist doch deutlich genug!
Das glaubst Du?
Aber Strobl!

Strobl.
Und warum nicht?

Chor.
Aber Strobl!
Das ist ein Jux vom Obersteiger
Oder vom Volontär!

Strobl.
Was fällt Euch ein? wie käme dann
Das Telegramm daher?

Chor.
Wer wird bei Dir ein Zimmer bestell'n,
Bei Dir, wo stets Alles leer?

Strobl.
's ist wahr!
Chor.
Ein Jux ist's, das ist klar!
Strobl.
's ist wahr!
Der Obersteiger soll das spürn,
Der Lump!
Dem werd' ich nichts mehr creditir'n,
Kein Pump!
Kommt er nur her zu mir,
So fliegt er vor die Thür,
So fliegt er vor die Thür —
Ja, ja!
Chor.
Haha! wer?
Strobl.
Der Mensch, der telegraphirt —
Dem 's Zimmer schon reservirt —

Zwack.
Ich komme prompt mit dem Siebnerzug —
So telegraphir' ich — ha! trotzdem
Nicht einmal der Hausknecht beim Zug!

Chor.
Schau, schau! wir haben uns geirrt!
Dem Wirth hat wirklich Jemand telegraphirt!
Wer mag der Fremde sein?
Wer mag er sein?
Der plötzlich kommt zu uns herein?

Zwack.
Ist mein Zimmer reservirt?

Strobl.
Also Sie hab'n telegraphirt?

Zwack.
Was frag'n Sie so dämlich?
Kommt Ihnen das nie vor?

Strobl.
O alle Tag'!

Chor.
Wir hab'n jetzt eine Bahn —

Strobl.
Es ist zwar nicht viel dran —

Chor.
Manchmal kommt auch wer an —

Strobl.
Es ist zwar nicht viel dran —

Chor.
Aber Strobl! was fällt Dir ein?

Zwack.
Den Dummkopf laß ich nimmer aus —
Der kommt mir recht —
Aus dem bring' Alles ich heraus —
Was ich wissen möcht',
Ich bleibe noch incognito,
Am besten wohl gelingt's mir so:
Mich gut zu informir'n!
Erlaubn's? —

Strobl.
Was denn?

Zwack.
Daß eine Frage ich stell'?

Strobl.
Aber, Euer Gnaden! was Sie wollen!

Strobl. Chor.

Ich stehe / Wir stehen zu Befehl!

Zwack.
Als mich dieser Bummelzug
Her in Euer Städtchen trug,
Sah ich Knappen im Waggon,
Ziemlich angeheitert schon!
Tranken trotzdem Alle doch
Stationsweis weiter noch,
Besonders Einer war dabei,
Der trank allein für drei!

Chor.
Ah! das war der Obersteiger!

Zwack.
Was? der Obersteiger trinkt so viel!?

Chor.
Man trinkt ja nie zu viel —
Von diesem Weinchen, kosten's selber,
Euer Gnaden! kosten's nur!

Zwack.
So ein Weinchen, das stimmt heiter.
Ah! da beib'n wir und so weiter!

Chor.
So ein Weinchen ꝛc.

Zwack.
Auch das ewig Weibliche
Wird geschätzt hier, wie ich seh',
Denn auf jeder Station
Warteten die Mädchen schon,

Ließen von den Knappen sich
Küssen alle öffentlich,
Besonders einer war dabei,
Der küßte auf einmal drei!

Chor.
Ah! das war der Obersteiger!

Zwack.
Was? der Obersteiger küßt so viel!?

Chor.
Man küßt ja nie zu viel!
So ein Mädel, küssen's selber,
Euer Gnaden, küssen's nur!

Zwack.
So ein Mädel, das stimmt heiter 2c.

Chor.
So ein Mädel 2c..

Nr. 2. **Nelly's Entrée.**

Chor.
Spitzen kaufen will der Herr?
Schöne Spitzen? bitte sehr!
Rufen wir die Nelly her!
Nelly, Nelly! komm' doch her!

Nelly.
Bin schon da! bitte sehr!
Was verlangt Ihr, schöner Herr?
Schöne Spitzen? fein sortirt,
Hundert Jahre garantirt,

Kaufen Sie bei mir nur ein,
Ich werd' gar nicht theuer sein.
Auf den Preis kommt's ja nicht an,
Freude muß man haben dran!

Chor.

Kaufen Sie bei ihr nur ein!
O, sie wird nicht theuer sein!
Auf den Preis kommt's ja nicht an,
Freude muß man haben dran!

Zwack.

O ich schaue nie auf's Geld,
Wenn mir einmal was gefällt,
In dem Punkt bin ich ein Narr,
Laß mich auch prellen wunderbar,
Da bin fürwahr
Ich oft ein Narr!
Weil Sie mir so gut gefallen
Kaufe ich vielleicht von Allem!

Nelly.

Das ist hübsch, wollen sehn,
Ob die Probe Sie bestehn!
Wollen sehn,
Ob Sie's gut besteh'n!

Zwack.

O ich prahle niemals nicht —
Herrgott, ist das ein liebes G'sicht —
Probiren Sie nur sofort
Und nehmen Sie mich beim Wort!

Nelly. Chor.

Wollen sehn!

Nelly.

Muster wie meine,
So hübsche, so feine,

So sinnig erdachte,
So zierlich gemachte
Sind nirgend zu kaufen,
Wie weit Sie auch laufen,
Zu haben nur bei mir,
Nur bei mir!
O, Sie werden Augen machen,
Zeig' ich Ihnen all' die netten Sachen,
So etwas sah'n Sie noch nie,
O, noch nie,
Staunen, ja staunen werden Sie!

Zwack.

Zeigen Sie mir doch einmal was her,
Das Warten wird mir schon schwer!

Nelly.

Sehn Sie dieses Morgenhäubchen,
Duftig wie aus Sonnenstäubchen,
Schmetterlinge unter Rosen,
Die gerade zärtlich kosen.
Ringsherum die Blumenketten,
In der Mitte Amoretten —
Passen muß das ganz famos,
Darin sind wir eben groß —

Chor.

Darin sind wir wirklich groß!

Nelly.

Ist das nicht hübsch, ist das nicht fein?

Zwack.

O, mir gefällt es ungemein!

Nelly. Chor.

Ihm gefällt's,
Er behält's!

Zwack.

Ich nehm's, ich möcht' sogar noch mehr!

Nelly. Chor.

O, noch mehr?
Bitte sehr!

Nelly.

Ah, Sie möchten mehr?
O, Sie sind ein lieber Herr,
Ihnen zeigt man gern noch mehr!

Chor.

Ihnen zeigt 2c.

Nelly.

Also was And'res,
Etwas Pikant'res,
Das ist nur für Kenner,
Geschmackvolle Männer,
Die 's einmal gesehen,
Und sich d'rauf verstehen,
Die kaufen nur bei mir!
Nur bei mir!
O, Sie werden Augen machen,
Zeig' ich Ihnen all' die Sachen,
So was sah'n Sie noch nie!
Drum staunen, ja staunen werden Sie!
Ja! 2c.

Zwack.

Aber rücken's damit doch heraus,
Sonst halt' ich es nicht länger aus!

Nelly.

Sehn Sie diese Damenstrümpfe,
Wie gemacht für eine Nymphe,

Rüstig stark und doch elastisch!
Praktisch, einfach, doch phantastisch,
Keine leichte Dutzendwaare,
Handarbeit, ganz wunderbare,
Sitzen müssen sie famos,
Wenn der Fuß auch noch so groß!
Ist das nicht hübsch 2c.

Nr. 3. Martin's Entrée.

Chor.

So sollt' man leben das ganze Jahr,
So wie's die letzten Tag' jetzt war!
Nur Lieb' und Tanz, von Arbeit frei,
Umsonst der beste Wein, umsonst — juchhei!
Das war so schön, das war famos!
Doch jetzt ist's aus — 's geht wieder los!
Ade Vakanz und Sonnenschein,
Wir fahren wieder in die Grube ein!
Fahren wir ein?
Ja oder nein?
Das wird das Ende vom Lied' wohl sein!
Den Obersteiger erst befragt!
Wir thun nur, was der uns sagt!

Martin.

So sollt' man leben das ganze Jahr,
So wie's die letzten Tag' jetzt war!
In freier Luft kein Rackerei,
Das macht den Bergmann froh — juchhei!

Martin.

Wie warm weht nicht der Sonne Schein
Dem Knappen tief in's Herz hinein?
Möcht' gern die Sonne immer seh'n —
Glaubt mir, das könnte wohl geschehn!
Statt tagelang in Bergeskluft,
Hier oben froh in Gottes Luft
Beim Zitherklang sein Mädel dreh'n —
Glaubt mir, das könnte wohl gescheh'n!
Der Bergmann liebt das Wandern,
Und fehlt es ihm an Geld,
Von einem Werk zum andern
Braucht ihn die ganze Welt!
Und wenn er da ein Lieb' verläßt,
So hält ihn dort ein schön'res fest!

Chor.

Ja, das wär' ein Leben!
Schöner könnt's nicht sein,
Doch an Geld fehlt's eben!
Fahr'n wir wieder ein!

Martin.

Ich hab' kein Passion,
Was hab'n wir denn davon?
Fahr'n wir ein, fahr'n wir aus,
Schaut denn was für uns heraus?
Fahr'n wir aus, fahr'n wir ein,
Wird's für uns nie anders sein!
Fahr'n wir hin, fahr'n wir her,
Unsre Taschen bleiben leer —
Wir lassen uns nicht länger scheer'n,
Wir wollen auch leben wie die Herrn!

Chor.

Wir woll'n auch leben wie die Herrn!

Martin.
Drum mein' ich,
Drum sag' ich,
Und bleibe fest dabei,
Von mir aus, fahr' wer will zur Schicht,
Der Obersteiger, der fährt nicht;
Ich sage
Da drinnen
Den Herr'n von der Kanzlei —
Weniger Arbeit und mehr Lohn,
Wie wir's erreichen, weiß ich schon!

Chor.
Weniger Arbeit und mehr Lohn!

Martin.
Wie wir's erreichen, weiß ich schon!

Chor.
Wenn es geht, so wird's gethan!
Aber sprich — wie fängst Du's an?

Martin.
Wenn der Bergmann, der vom Leder.
Sich sein Liebchen setzt auf's Knie,
Sagt er keck zu ihr: entweder
Küsse gleich mich oder nie!
Denn beim Lieben und beim Küssen
Rasch zu sein, ist Bergmann's Art,
Kann der Steiger doch nie wissen,
Ob er heimkehrt von der Fahrt!
Hast du, Schatz,
Für den Bergmann Platz?
Einen Platz der Liebe wohl im Herzen?
Sagt sie nein,
Will sie spröde sein —
Was sagt der Bergmann da?

Chor.
Was sagt er da?

Martin.
Lass'n wir's steh'n — lassen wir's steh'n,
Dann wird die G'schicht bald anders geh'n!

Chor.
Lassen wir's steh'n — ꝛc.

Martin.
Wenn der Bergmann von der Feder,
Der nie sah ein Grubenlicht,
Müßt' hantir'n wie von uns Jeder
Mit dem Hammer in der Schicht;
Wenn er müd' vom Bohr'n und Schlagen
Wieder dann zu Tage fährt,
Möchten wir ihn spöttisch fragen,
Was ist unsre Arbeit werth?
Doch wohl mehr,
Als Ihr gabt bisher,
Wollt Ihr nun die Arbeit höher lohnen,
Sagt er: nein,
Fällt mir gar nicht ein,
Was sagt der Bergmann da?

Chor.
Was sagt er da?

Martin. Chor.
Lassen wir's steh'n! ꝛc.

Martin.
Nun, Ihr habt mich wohl verstanden?

Chor.
Ja, ja! Wir verstanden Dich!

Martin.
Und Ihr macht mich nicht zu Schanden?

Chor.
Nein! nein! Was auch kommt, zähl' auf mich!

Martin.
Fahr'n wir ein?

Chor.
Nein, nein!

Martin.
Fahr'n wir aus —

Chor.
Schaut nichts heraus!
Fahr'n wir ein, fahr'n wir aus,
Schaut nie was für uns heraus,
Wir lassen uns 2c.

Nr. 4. **Entrée der Comtesse.**
Ja, dort in den Bergen drin,
Wo ich geboren bin,
Ist die Welt schöner doch,
Nur muß man steigen hoch!
Oben blüht's Edelweiß,
Der es zu holen weiß,
Wär' ein Mann grade recht,
Wie ich ihn möcht'!
Ah! man will mich zwingen,
Zu nehmen einen Reichsbaron,
Der circa sechzig schon!
Ah! 's wird nicht gelingen,
Denn ich hab' still in der Nacht
Mich fortgemacht!

Ah! Rucksack und Lodenrock,
Bergschuh' und Alpenstock,
Grüner Hut, d' Feder dran,
So ging's lustig an!
Jetzt aber bin ich froh,
Daß es gelungen so,
Stell'n sich nun Freier ein,
Wähl' ich allein!
Wenn's Einer wagt,
Gleich ihn befragt,
Ist nicht die Liebe wie
Eine Gebirgspartie?
Denn wie man weiß,
Macht sie gar heiß,
Und nicht so leicht erringt man den Preis!
Als Comteß hab' ich ein Schloß,
Reizend ist's, wenn auch nicht groß;
Doch das Schönste ohne Frage
Ist an ihm wohl seine Lage,
Denn es liegt so ungefähr
Tausend Meter über'm Meer,
Aber wär's auch noch so hoch,
Zu gewinnen ist es doch!
Ah! die gewöhnlichen Freier
Mit ihrem Liebesgeleier,
Die Gecken
Jederzeit
Zu necken,
Macht mir Freud'!
Denn Jedem sag' ich schlau,
Gern würd' ich Ihre Frau,
Doch wie 's gewohnt ich bin,
Mach' ich gern Bergpartie'n,
Da müßte Tritt für Tritt
Mein Gatte immer mit!
Zu stark wär' für Sie wohl dies Wandern,
Drum geh'n Sie nur zu einer Andern!

Aber zu dem, den ich möcht' für mich,
Heimlich wohl sagte ich:
Als Comteß ꝛc.
Ja, dort in den Bergen drin ꝛc.
Wer mich liebt, wer es wagt,
Lustig nur angefragt,
Sollt' es der Rechte sein,
Wird er ja mein!

Nr. 5. **Terzett.**

Roderich.

Er ist so just im Schwunge
Der wundersüßen Zeit,
Wo man das Herz, das junge,
Zu tauschen gern bereit!
Ihm schwebte vor ein Ideal,
Drum liebt er jetzt zum erstenmal;
Auch ist er schüchtern zum Extrem
Und sehr bescheiden außerdem —
Doch seit er in Ihr Aug' geschaut,
Da werden Wünsche in ihm laut,
Er möchte fragen,
Dürft' er wohl wagen,
Ihr ganz alleine
Beim Stelldicheine,
Doch ach — ich schweige still —
Man kann nicht immer, wie man will!

Martin.

Er sprach von mir,
Ich danke Dir!

Comtesse.

Ei, ich versteh' gar wohl,
Auf wen das zielen soll —
Ganz gut kapire ich,
Er spricht für sich!

2*

Roderich.

{ Ei, sie versteht gar wohl —
Daß ich doch eigentlich
Nur sprach für mich!

Martin.

{ Es ist doch wundervoll,
Wie dieser Roderich
So schön sprach für mich!

Comtesse.

Ich hab' es gleich gesehen,
Daß Eindruck ich gemacht;
Ich will sogar gestehen,
Was ich dabei gedacht!
Bewundert wurde oft ich schon,
Nur hielt ich nie sehr viel davon,
Doch diesmal denk' ich nicht an Scherz,
Mir wird so eigen um das Herz!
Und wenn ich nicht ein Mädchen wär',
Würd' ich gestehn vielleicht noch mehr!
Doch ihm zu gewähren
Solch' ein Begehren
Und augenblicklich,
Wär' wohl nicht schicklich —?
Drum, ach! — ich schweige still!
Man kann nicht immer, wie man will!

Martin.

Sie sprach von mir,
Ich danke Dir!

Comtesse.

Ei, man versteht gar wohl ꝛc.

Roderich.

Ei, sie versteht gar wohl ꝛc.

Martin.

Es ist doch wundervoll ꝛc.

Alle drei.

Still!
Man kann nicht immer, wie man will!

Nr. 6. **Finale.**

Martin.
Halloh, halloh! zur Arbeit ruft der Glocke Schall.

Knappen, ihre Frauen und Kinder.
Zur Arbeit ruft der Glocke Schall,
Herbei, herbei! ihr Knappen all',
So sind wir wieder arme Narr'n,
Wir müssen in die Grube fahr'n,
Wir werden sicher ausgelacht,
Weil wir gerade Strike gemacht,
Und eh' wir profitirt davon,
Ist er zu Ende schon!

Martin.
Ja, ja! es wird nichts draus!

Chor.
Warum wird nichts daraus?

Martin.
Das Geld dafür ging aus!

Chor.
Das Geld? Das Geld ging aus?

Martin.
Der noble Volontär
Giebt nämlich nichts mehr her!

Chor.
Der Teufel hol' den Schmutzian!
Warum hat er's versprochen dann?
Den Strike, den hab'n wir nur riskirt —

Martin.
Weil er ihn extra garantirt —

Chor.
Jetzt zahlt er nicht!

Martin.
Drum ist aus die G'schicht'!
Haha! Seid Ihr bereit?

Chor.
Alle bereit:
Zur Arbeit ruft ꝛc.

Zwack.
Welches Getöse? welches Geschrei?

Martin.
Einer kommt schon herbei!

Zwack.
Werd' ich erfahren, was hier geschehen?

Martin.
Das werden Sie gleich sehen!

Chor.
Wer ist denn das?

Martin.
Ah so — Ihr kennt ihn nicht?
Dann ist es meine Pflicht,
Dem Herrn Euch vorzustellen,
Er hat hier zu befehlen!
Der Herr im blauen Frack,
Das ist der Herr von Zwack!
Drum müssen wir ihn respektir'n,
Er will die Gruben inspizir'n,
Das Bergwerk soll zwar wacklig sein,
Das macht nichts, er muß doch hinein!

Martin. Comtesse. Nelly. Chor.
Der Herr im blauen Frack ꝛc.

Zwack.
In das schlampete Bergwerk hinein?
Ich? der Director? fällt mir nicht ein!

Martin.
Das will ein Bergmann sein?
Haha, und traut sich nicht hinein!

Chor.
Haha! er traut sich nicht hinein!
Hinein mit ihm!

Nelly.
Geduld! Laßt mich reden mit ihm!
Geht doch hinein —
's ist nur zum Schein,
Dafür wird Euch von mir ein Stelldichein!
Wenn Alle im Schacht
Um Mitternacht,
Entschlüpft mit Bedacht —
Im Garten
Will warten
Ich zum Stelldichein,
Ich werde warten ganz allein!

Zwack.
Ich soll hinein?
Ah, nur zum Schein?
Dafür wird mir von Dir ein Stelldichein?
Wenn Alle im Schacht
Um Mitternacht,
Entschlüpf' ich bedacht,
Aber warten
Im Garten
Zum Stelldichein,
Ganz allein!

Zwack.

Also vorwärts Bagage,
Ich habe Courage,
Meinetwegen fahr' ich ein!

Alle Andern.

Hurrah! er fährt ein!

Martin. Chor.

Zieht im das Leder an,
Gebt ihm die Lampe dann —
Merk' nun den Bergmannsegen,
Merk' nun den Bergmannspruch!

Martin. Comtesse. Nelly. Chor.

Glückauf! glückauf! glückauf und gehn wir's an!
Ein Jeder weiß, was er riskiren kann!
Doch wer was wagt, gewinnt wohl dann und wann,
Darum glückauf, glückauf und gehn wir's an!
Hinunter
Keck und munter,
Drüber, drunter,
Seid nicht bang!
Hinein mit hellem Klang!
Es dauert ja nicht lang!
Kein Grauen,
Nur Vertrauen,
Zugehauen,
Bald erglänzt der Silbergang!

Roderich.

Was geht hier vor?

Nelly.

Nummer Zwei kommt auch herbei —

Roderich.

Ich frage Sie!

Zwack.

Pardon — ich weiß schon gar nichts mehr,
Wenn ich nur schon wieder draußen wär'!

Chor.
Ah, da ist der Schmutzian!

Martin.
Jetzt pack' ich mir den Volontär!

Chor.
Du bist doch sicher auch dabei?

Roderich.
Laßt mich! Narrethei!

Chor.
Oho! Narrethei!

Martin.
Mein lieber Roderich,
Wir warten nur auf Dich!
Du sollst die Knappen führen,
Das Bergwerk visitiren —
Doch bitt' ich einen andern Ton,
Sonst kannst Du was erleben —
Es kann auch Prügel geben —

Comtesse Nelly.
Das geht zu weit!

Chor.
Prügel kann es geben!

Zwack.
Um Gotteswillen, was fällt Euch ein?
Um Gottes —
Ha —

Martin.
Das ist der Volontär,
Der giebt jetzt nichts mehr her,
Drum wollen wir uns revanchir'n,
Er soll die Gruben inspizir'n,
Das Bergwerk soll zwar wacklig sein,
Das macht nichts, er muß doch hinein!

Comteffe. Nelly. Martin. Chor.
Das ist der Volontär 2c.

Roderich.
Ich in das wacklige Bergwerk hinein?

Zwack.
Thun Sie es nicht!

Roderich.
Fällt mir nicht ein!

Martin.
Der traut sich nicht hinein
Und will ein Bergmann sein!

Chor.
Er traut sich nicht hinein!
Hinein mit ihm!

Comteffe.
Geduld! Laßt mich reden mit ihm!
Geht doch hinein!
's ist nur zum Schein!
Dafür winkt Euch von mir ein Stelldichein!
Wenn Alle im Schacht
Um Mitternacht,
Entschlüpft mit Bedacht,
Im Garten
Will warten
Ich zum Stelldichein,
Ich werde warten ganz allein!

Roderich.
Kann's möglich sein?
Ist es nicht Schein?
Mir wird von Euch, von Euch ein Stelldichein?
Wenn alle im Schacht
Um Mitternacht,
Entschlüpf' ich bedacht,

Aber warten
Im Garten
Ganz allein!

Nelly. Martin. Zwack.
Sie macht es fein!
Sie lockt ihn hinein!

Obige. Chor.
Fährt er wohl ein?
Ja oder nein?
Das wird wohl bald entschieden sein!
Seht, wie sie lacht
Und Augen macht.
Er scheint ganz entzückt zu sein!

Roderich.
Also vorwärts Bagage,
Ich habe Courage,
Meinetwegen fahr' ich ein!

Chor.
Hurrah! er fährt ein!
Zieht ihm das Leder an,
Gebt ihm die Lampe dann,
Merkt nun den Bergmannsegen,
Merkt nun den Bergmannspruch!

Martin.
Glückauf, glückauf! 2c.

Roderich.
Haltet ein! Haltet ein!
Der Obersteiger muß hinein,
Sonst würden wir nicht sicher sein!

Martin.
Was ist denn los?

Roderich.
Obersteiger, geh' voran!

Martin.
Was geht denn mich das Bergwerk an?

Roderich. Chor.
Du bist der Obersteiger!

Martin.
Ich bin's nicht mehr!
Man hat mich abgesetzt!

Chor.
Abgesetzt? Wer?

Martin.
Der da, der!

Zwack.
Ich stell' Dich wieder an!

Martin.
Nehm's nicht mehr an!
Haha! fahrt nur recht lustig ein!
Dann sind wir gewiß allein!

Comtesse.
Der muß auch hinein!

Roderich.
Er wird gleich drinnen sein!

Martin.
Fahrt nur ohne mich hinein,
Ich brauch' nicht dabei zu sein!
Sucht nur den Gang allein!
Es soll so schwer nicht sein!
Haha!

Chor.
Er fährt nicht ein!
Da muß was dahinter sein!

Roderich.
Du gabst uns doch Dein Wort,
Zu führen uns zum Silbergang,
Wenn man Dir zahlt sofort
Dreitausend Gulden blank!?

Martin.
So ist's!

Roderich.
So bist Du noch im Wort?

Martin.
Gewiß! Doch wo sind die Dreitausend?

Roderich.
Hier!
Und jetzt hinein mit Dir!

Martin. Chor.
Dreitausend?!

Martin.
Ja — ich gab mein Wort!
Es muß wohl sein!
Schöne Braut, Du darfst nicht fort,
Morgen, morgen wirst Du mein!

Roderich. Zwack. Chor.
Fahr' ein!

Martin.
Ja, nun thut's mir leid,
Daß ich gebunden mich!
Schöne Braut, ist's auch nicht heut',
Morgen hol' ich Dich!

Chor.

Zieht ihm das Leder an,
Gebt ihm die Lampe dann,
Merkt nun den Bergmannsegen,
Merkt nun den Bergmannspruch!

Chor.

Glückauf, glückauf! 2c.

Zweiter Act.

Nr. 7. Introduction.

Chor.

Ergebenster Diener!
Hab' die Ehr', mein Compliment!
Wissen Sie schon, war bestimmt als Präsident?
Wenn es nur der Zwack nicht wird,
Sonst wären wir petschirt!

Tschida Dusel.

Ergebenster Diener!

Chor.

Hab' die Ehr', mein Compliment!

Tschida. Dusel.

Wissen Sie schon, wer bestimmt als Präsident?

Chor.

Wer wird denn Präsident?

Tschida. Dusel.

Primo loco vorgeschlagen!
Zu glauben kaum!
Primo loco vorgeschlagen!
's ist wie ein Traum!

Chor.

Primo loco! na, wer?

Tschida. Dusel.

Primo loco vorgeschlagen
Ist Herr Zwack.

Chor.

Nein! was Sie sagen!
Nicht zu ertragen!

Tschida. Dusel.

Und doch! und doch!

Chor.

Primo loco vorgeschlagen
Ist Herr von Zwack!
Na, dann sind wir Alle tak!

Tschida. Dusel.

Doch woll'n wir uns nicht ducken,
Wir sind keine Mamelucken!

Tschida.

Bombenclement!

Tschida. Dusel.

Ergebenster Diener —

Alle.

Wenn der Zwack wird Präsident,
Hat's Avancement ein End',
Wir krieg'n 's reine Pascharegiment

Tschida.

Der Fürst will unterschreiben
Schon morgen das Decret,
Das muß man hintertreiben.

Tschida. Dusel

Noch heute, wenn es geht!

Chor.

Ja, ja! wenn's geht!

Dusel.

Wir müssen ihn entwurzeln,
Der Herr von Zwack muß purzeln,
Gefahr ist im Verzug,
Drum vorwärts rasch und klug!

Tschiba.

Aber wie?

Chor.

Reden Sie!

Dusel.

So warten's nur!

Chor.

Er hat eine Spur!

Tschiba. Dusel.

Mir fällt was ein!

Chor.

Was wird das sein?

Tschiba. Dusel.

Der Teufel soll ihn hol'n!

Chor.

Der Teufel soll ihn hol'n!

Tschiba.

Ich hab's!
Durchlaucht ist nicht bekannt,
Daß Zwack ein Ignorant,
Doch würd's dem Fürsten klar —

Tschiba. Dusel.

Wär's mit Herrn Zwack gleich gar!

                    Tschiba.
Drum pfiffig nur verfahrt
Nach schlauer Bergmannart.

              Tschiba. Dusel.
Eine Mine gebohrt!
                    Chor.
Sofort!
                    Dusel.
Dann muß man d'rauf studiren,
                    Tschiba.
Ihn gründlich zu blamiren.
                    Dusel.
D'rum sei es geschworen,
                    Tschiba.
Die Mine zu bohren —
                    Alle.
Dann ist er verloren!
              Tschiba. Dusel.
Haha!
Wir leg'n, wir leg'n ein' Lunten,
Dann ist, dann ist er unten,
Geb'ns Acht,
Wie's kracht!
                    Chor.
Wir leg'n 2c.
                    Tschiba.
Ich folg' ihm Schritt für Schritt,
Freund Dusel, Du gehst mit,
Und eh' er's noch gedacht,
              Tschiba. Dusel.
Hat's schon einmal gekracht!

Dusel.

Die erste Gelegenheit
Benutzen wir gescheidt.

Tschiba. Dusel.

Eine Mine gebohrt —

Chor.

Sofort!

Tschiba.

Wir wollen es vollbringen
Und heut' noch soll's gelingen,

Tschiba. Dusel.

D'rum sei es geschworen,
Die Mine zu bohren!

Alle.

Dann ist er verloren!

Tschiba. Dusel.

Aha!
Wir leg'n ꝛc.

Alle.

Wir leg'n ꝛc.

Nr. 8. **Couplet.**

1.

Zwack.

Der Forstrath fährt auf Commission,
Und sein Kanzlist als Zweiter!
Doch früh um neun, da kneipen schon
Im Bräuhaus sie recht heiter,
Die Kellnerin sitzt auch beim Tisch,
Na ja — und 's Bier ist frisch!

Um eins sagt der Kanzlist ganz voll:
„Jetzt machen wir das Protokoll!"
„Nein," sagt der Rath, und macht ein' Zug,
„G'arbeit't hab'n wir heut' g'nug!
Der Bureaukrat thut seine Pflicht —"

   Tschida. Dusel.
Von neun bis eins!

   Zwack.
Bis eins! mehr thut er nicht!

2.

   Zwack.
Der Secretair will g'rad beim Ball
Sich zum Buffet verlieren,
Da sagt sein Chef: Sie, thun's einmal
Meine Frau doch engagiren!
Die Chefin wiegt zwei Centner nur,
Doch tanzt sie jede Tour!
Bis Eins läßt sie ihn gar nicht los,
Dann sagt's: „Nur noch den Walzer bloß!"
Da schreit ganz wild der Secretair:
Gnä' Frau, es geht nicht mehr!
Der Bureaukrat ꝛc.

3.

   Zwack.
Meine Frau und ich, wir lebten einst
Grad' wie im Paradiese.
Wir liebten uns beiläufig wie
Abälard und Helvise!
Das ist nun freilich lange her,
D'rum freut's mich jetzt nicht mehr!
Jüngst wollt' sie einen Kuß von mir,
Es war so um dreiviertel vier,

D'rum sagte ich entrüstet nur,
So schau' doch auf die Uhr!
Der Bureaukrat 2c.

Nr. 9. Duett.

Martin.

Schöne Frau, nie wollt' ich's wagen,
Mich persönlich anzufragen!

Elfriede.

Ach, seine Stimme klingt bewegt,
Ich selber bin sehr aufgeregt!

Martin.

Doch Sie hab'n so was Gewisses
Unbeschreiblich schmelzend Süßes,
Drum faß' ich endlich mir den Muth
Und frage resolut!

Elfriede.

Ja, nur Muth!

Martin.

Würden einmal Wittwe Sie,
Doch ich hoff' — Sie werden's nie!
Könnt' ich noch hier auf Erden
Wohl dann Ihr Zweiter werden?
O nicht gleich — ich hab' ja Zeit —
Doch bitt' ich jetzt schon um Bescheid!

Elfriede.

O das kann ja gar nicht sein!

Martin.

Sie sagen nein?

Elfriede.

O das nicht!

Martin.
Sie sagen Ja?
Elfriede.
O das nicht!
Martin.
Was sagen Sie denn eigentlich dann?

Elfriede.
Sie scheinen mir ein loser Falter
Und dann — der Unterschied im Alter?!

Martin.
Aber geh'n Sie! aber geh'n Sie!
Das bilden Sie sich nur ein!
Aber geh'n Sie, aber geh'n Sie,
Das kann doch Ihr Ernst nicht sein!

Beide.
Aber geh'n Sie 2c.

Elfriede.
Ich gehöre, im Vertrauen,
Nicht mehr zu den jüngsten Frauen!

Martin.
O immer würd' ich Sie verehr'n,
Wenn Sie auch noch viel älter wär'n.

Elfriede.
Doch was ich als Frau ertragen,
Läßt mit Worten sich nicht sagen,
Weil mein Mann durch fünfzehn Jahr
Ein Ungeheuer war!

Martin.
Das ist klar!

Elfriede.
Müde bin ich dieser Qual,
Lieben will ich noch einmal,
Ich will nicht länger leiden,
Laß mich gerichtlich scheiden,
Wenn die Scheidung abgethan,
So fragen Sie sich wieder an!

Martin.
Ha, könnt' es möglich sein?

Elfriede.
Warum nicht?

Martin.
O Gott!

Elfriede.
Warum nicht?

Martin.
O Gott!

Elfriede.
Warum soll das denn nicht möglich sein?

Martin.
Sie würden dann sich meiner schämen
Und sich einen noch schönern nehmen!

Elfriede.
Aber geh'n Sie 2c.

Beide.
Aber geh'n Sie 2c.

Nr. 10. Duett.

Comtesse.
Ich wollte, daß mein Gatte wär'
Noch jung und flott, doch nicht zu sehr!

Ich wollte, daß galant er wär'
Bei Damen stets, doch nicht zu sehr!
Ich wollt', daß er kein Zweifler wär'
An meiner Treu, doch nicht zu sehr,
Ich wollt', daß er mit sechzig wär'
Noch in mich verliebt, doch nicht zu sehr!
Nur schreibt der Dichter das nicht her,
Was gerade das Schönste wär'!

Roderich.

Ei, das interessirt mich!

Comtesse.

Ich begreife nur nicht, wie!

Roderich.

Nun, man informirt sich —

Comtesse.

Dächten gar an Ehe Sie?

Roderich.

Möcht' mich wohl vermählen —

Comtesse.

Dann vergeßt das Eine nicht —

Roderich.

Nun, und sollt' es fehlen? —

Comtesse.

Leisten lieber Sie Verzicht!

Roderich.

Ich denk' hin, ich denk' her,
Was wohl dies Eine wär'?

Comtesse.

Hören Sie
Und vergessen Sie es nie!

Roderich.

Sagt doch wie!

Comtesse.

Vergessen Sie es nie!
Mag mein Schatz wie immer sein,
Lieben, lieben darf er nur mich allein!

Beide.

Mag mein Schatz 2c.

Roderich.

Geben Sie jetzt den Dichter mir!
Was steht von der Gattin hier?

Comtesse.

Bitte!

Roderich.

Ich wollt', daß meine Gattin wär'
Von schlankem Wuchs, doch nicht zu sehr!
Ich wollt', daß sie bezaubernd wär'
Für alle Welt, doch nicht zu sehr!
Ich wollte, daß sie geistreich wär',
Naiv dabei, doch nicht zu sehr!
Ich wollt', daß ich bald glücklich wär',
Kinder zu wiegen, doch nicht zu sehr —
Nur schreibt der Dichter das nicht her,
Was gerade das Schönste wär'.

Comtesse.

Ei, das interessirt mich —

Roderich.

Ich begreife nur nicht, wie —

Comtesse.
Nun, man informirt sich —

Roberich.
Dächten auch an Ehe Sie?

Comtesse.
Möcht' mich wohl vermählen —

Roberich.
Dann vergeßt dies Eine nicht —

Comtesse.
Nun, und sollt' es fehlen?

Roberich.
Leisten lieber Sie Verzicht!

Comtesse.
Ich denk' hin, ich denk' her,
Was wohl dies Eine wär'!?

Roberich.
Sympathie! Sympathie!
Doch vergessen Sie es nie

Comtesse.
Sagt mir doch wie!

Roberich.
Vergessen Sie es nie!
Mag mein Schatz ꝛc.

Nr. 11. Terzettino.

1.

Nelly.

Ein Ball ist so zu sagen
Nur eine Art von Jagd,
Bei der die Mädchen jagen
Nach Männern unverzagt!
Doch ist das Wild verschieden,
Drum, Backfisch! merk' Dir wohl,
Wenn Dich dereinst zufrieden
Die Beute stellen soll:
Mädel, gehst Du auf die Pirsch,
Schieß' nicht auf die Hasen,
Aber kommt ein Edelhirsch,
Gleich ihn weggeblasen!
Mädel guck, der Hirsch ist da!
Trara!

Alle drei.

Mädel, gehst Du auf die Pirsch 2c.

2.

Elfriede.

Die Schwiegermütter spüren
Das arme Wildpret aus,
Und schonungslos dressiren
Sie ihre Fräuleins drauf!
Doch eh' die Jägerinnen
Sich schleichen in's Revier,
Sagt die Mama zu ihnen
Noch einmal, merke Dir:
Mädel, gehst Du auf die Pirsch 2c.

3.
Comtesse.
Und da Du selber heute
Am Jagen hast Dein Theil,
So wünsch ich Dir zur Beute
Von Herzen Waidmannsheil!
Vielleicht kommt unberufen
Das Beste Dir zum Schuß,
Daher man nicht verpuffen
Zu früh sein Pulver muß!
Mädel, gehst Du auf die Pirsch ꝛc.

Alle drei.
Mädel, gehst Du auf die Pirsch ꝛc.

Nr. 12. **Finale.**
Chor der Ballgäste.
O wie schön!
O wie herrlich! o wie schön!
Das muß man der Directorin lassen,
Arrangirt brillant, brillant!
Kann vor Staunen kaum mich fassen,
Charmant!
Alles fein und sehr gewählt,
Kostet auch ein schönes Geld!
Doch das geht den Fürsten an,
Der's ja zahlen kann!
Der Fürst eröffnet selbst den Ball!
Wen wird beehren seine Wahl?
Fragt nicht lang, wer wird's denn sein?
Die Directorin allein!
Das muß man der Directorin lassen ꝛc.

Martin.
Sie — Sie werden was erleben!
Sie — das wird ein Aufsehn geben!

Ich hab' Alles arrangirt,
Wie der Fürst mich loben wird!

Chor.
Nun, was werden wir erleben?

Martin.
Sie — das wird ein Aufsehn geben!

Chor.
Sagt, was habt Ihr arrangirt?

Martin.
Wie der Fürst mich loben wird!
Gleich ist in unsrer Mitte
Des Fürsten Favorite!

Chor.
Ha!

Martin.
Eigentlich ist's ein Scandal,
Daß die her kommt auf den Ball!

Chor.
Scandal!
Ein unerhörter Fall!

Martin.
Nun, da kann man gar nichts sagen!
So was muß man vertragen!
In der Still', in der Still'
Denkt sich Jeder, was er will!

Chor.
In der Still', in der Still'
Denkt sich Jeder, was er will!

Martin. Chor.
Ah, Sie — wir werden was erleben! ꝛc.

Nelly.
Zum Entzücken! ach wie schön!
So was hab' ich nie gesehn!
Wird da wohl ein Tänzer mir?
Wo so hübsche Damen hier?

Chor.
Sie ist es!

Herren.
Die ist hübsch, famos in der That!
Seht die Taille, den Fuß, den sie hat!
Ein Scandal — doch vorderhand —
Sie hat Einfluß — wir thun charmant!

Damen.
Diese Robe! Spitzenbrokat!
Die Brillanten, die sie nur hat!
Ein Scandal — doch vorderhand —
Sie hat Einfluß — wir thun charmant!

Martin.
Um das Mädel ist doch schad',
Wenn sie auch viel Brillanten hat!
Ein Scandal, — doch vorderhand —
Sie hat Einfluß — ich küss' ihr d' Hand!

Nelly.
O wie freundlich Alle hier
Und wie lieb sind sie mit mir!

Herren.
Die ist hübsch 2c.

Damen.
Diese Robe 2c.

Martin.
Um das Mädel 2c.

Nelly.
Wer hat all' das arrangirt?

Martin.
Ich war's — bitte,
Fräulein Favorite!
Nelly.
Martin, Du?
Martin.
Was sehe ich?
Die Nelly?
Chor.
Sie kennen sich?!

Martin.
Ah, da muß ich bitten,
Du bei den Favoriten?

Nelly.
Ich? was fällt Dir ein?
Dich täuscht der Schein!

Martin.
Die Pracht — das Edelgestein!

Nelly.
Was fällt Dir ein?
Traue nie dem bloßen Schein,
Denn es könnt' doch anders sein!
Fein die Augen aufgemacht,
Sonst wirst Du noch ausgelacht!

Chor.
Traue nie dem bloßen Schein 2c.

Martin.
Schau' ich Dir so in's Aug' recht hinein —

Nelly.
Schau' hinein!

Martin.
In Dein Aug' —
Nelly.
Schau hinein —
Martin.
Hell und rein —
Nelly.
Kann ich's sein?
Martin.
Sagt mein Herz deutlich mir, nein!
Nimmermehr kannst Du es sein!

Nelly.
Glaubst Du denn, daß ich auch so wie Du —
Martin.
Red' nur zu!
Nelly.
Treulos bin gleich im Nu —
Martin.
Red' nur zu!
Nelly.
{ So wie Du bin ich nicht, nein!
Nimmermehr könnt' ich es sein!

Martin.
Treulos Du? nimmermehr! nein!
Nimmermehr kannst Du es sein!

Alle.
Trau nie dem bloßen Schein 2c.

Martin.
Nun ist's vorüber!
Ich zweifle nicht mehr!
Ist mir auch lieber,
Als wenn's anders wär'!

Herrgott! meine Kapell'n!
Ich muß zu die Tschinell'n!

     Chor.
Glückauf! Glückauf!
     Comtesse.
Wirklich reizend arrangirt!
     Martin.
Alles von mir — ich bitte!
     Comtesse.
Ich bin wahrhaft enchantirt!
     Martin.
O, zu gnädig, Fräulein Favorite!
     Comtesse.
Favorite?
     Martin.
  Wie? träume ich?
     Comtesse.
Favorite?
     Martin.
  Nicht möglich!
Ah, da muß ich bitten,
Du bei den Favoriten?
     Chor.
Sie kennen sich!
     Martin.
Es kann nicht anders sein!
Diese Pracht! Das Edelgestein!
Woher? woher?
     Elfriede.
Kein Wort jetzt mehr!

Martin.
O, den Fürsten will ich warnen!
Die soll ihn nicht umgarnen!
Bitte, Frau Directorin,
Das ist eine Schwindlerin!

Chor.
Ah, das geht zu weit!
Der Bergmann ist wohl nicht gescheidt!

Elfriede.
Jetzt stille — augenblicklich still!

Martin.
Nein, nein! ich rede wie ich will!

Comtesse.
Laßt ihn doch — ich bin —

Martin.
Nun —

Comtesse.
Comtesse!

Chor.
Ah!

Martin.
Comtesse?!

Chor.
Comtesse sie?

Martin.
Haha! Die Comtesse war meine Braut,
Beinah mit mir getraut,
Dann ging sie durch mit dem Volontär —

Chor.
Mit dem Volontär?

Martin.

Vielleicht kommt der jetzt auch noch her,
Und sagt, daß er weiß Gott was wär',
Vielleicht ein Fürst oder gar noch mehr!
Käm' er nur wirklich her,
Der liebe Roderich,
Der kann sich freu'n auf mich!

Elfriede. Chor.

Seine Durchlaucht!

Martin.

Seine Durchlaucht?

Roderich

Was willst Du denn von mir?

Martin.

Der Volontär
Ist der Fürst? ah, da rede ich nichts mehr!
Ja, bin ich denn verrückt,
Oder ist es ihr geglückt,
Die ganze Welt zu täuschen?

Roderich.

Vergebung zu erflehen,
Befiehlt Dein Bergherr Dir —
Vielleicht wenn sie verzieh,
Machst Du Dein Glück durch sie!

Nelly.

O thu's!

Chor.

Vergebung zu erflehen ꝛc.

Martin.

Das heißt, wenn's mit ihm nichts mehr wär',
Dann hätt' natürlich ich die Ehr'!

Roderich.

Du zauderst?

Nelly.

So thu's doch!

Martin.

Da Durchlaucht es befehlen,
Will ich um Gnade fleh'n,
Doch früher was erzählen,
Das die Dame mag versteh'n.

Roderich.

Meinetwegen! faff' Dich kurz!

Martin.

Ein einfach Dorfgeschichtchen,
Man wird's auch hier verstehn!
Wo sie war, die Müllerin,
Zog es auch den Fischer hin,
Doch sie lachte ihn nur aus,
Denn sie wollte hoch hinaus!
Nachts, wie er zum Fischen geht,
Klopft er leise an und fleht,
Werde mein und mach' mir auf,
Doch sie singt spöttisch d'rauf:
Sei nicht bös, es kann nicht sein,
Sei nicht bös und schick' Dich d'rein,
Sei nicht bös und mach' kein G'sicht,
B'hüt' Dich Gott, vergiß mein nicht!

Martin. Chor.

Sei nicht bös 2c.

Martin.

Und dann zog die Müllerin
In die Welt mit stolzem Sinn,
Endlich kommt sie wieder her,
Aber stolz ist sie nicht mehr.

Fährt nun Nachts der Fischer aus,
Ruft sie bang' zu ihm hinaus:
„Tröste mich und komm' zu mir!"
Doch jetzt singt er zu ihr:
Sei nicht bös 2c.

    Martin. Chor.
Sei nicht bös 2c.

    Roderich.
So bittest um Verzeihung Du?

    Martin.
War's nicht recht?

    Roderich.
Du kannst es wohl nicht besser?

    Martin.
Je nachdem!

    Roderich.
Nun, Comtesse, Sie verzeihen?

    Martin.
Comtesse!?

    Roderich.
Sie verzeiht!

    Zwack.
Durchlaucht, ich komm zu spät,
Wie's mir öfter geht!

    Martin.
Eine Comtesse? keine Spur!
Eine Modistin ist sie nur!

    Zwack.
Sind manchmal gar nicht schlecht!

    Martin.
Die Durchlaucht gern umgarnen möcht',
Die Comtesse heißt —

      Zwack.
Nun?
      Martin.
Julie Fahnenschwinger!
      Zwack.
Wie?
      Martin.
Fahnenschwinger!
      Zwack.
Julie?
      Martin.
Fahnenschwinger!
      Zwack.
O Gott, sie ist's —!
Vater — Seifensieder — Basel —

      Elfriede.
Was soll denn das Gefasel?
      Zwack.
Mein Kind!
      Chor.
Sie ist sein Kind!
      Zwack.
Ja, sie ist's!
      Elfriede.
Unsinn! ich hab' ja gar kein Kind!
Au contraire!
     Martin. Chor.
Aber er!
      Zwack.
Sie ist mein Kind,
O süße Vaterfreuden!
      Elfriede.
Ich laß' sofort mich scheiden!

Martin.
Durchlaucht, ich empfehle mich!
Der Gefoppte bin nicht ich!
Die Comtesse sein
Ist des Directors Töchterlein!

Chor.
Sie, Zwack's Töchterlein — sollt' es möglich sein?

Roderich.
Rasch zu enden den Scandal,
Comtesse, eröffnen Sie den Ball!

Chor.
Traue nie dem ersten Schein ꝛc.

Dritter Act.

Nr. 13. **Vorspiel** und **Duett.**

Roderich.
Der Tag bricht an, der bald, so bald
Dich, Holde, mir vermählt,
Drum komm' und horch was heut' der Wald
Prophetisch uns erzählt!
Komm' zu mir, mein Lieb', laß das Säumen,
Wo zaudert Dein irrender Fuß?
Komm' zu mir und laß das Träumen,
Horch meinem Morgengruß!

Comtesse.
Hörst Du den Wald? Hörst Du ihn rauschen?
Hörst Du die Stimmen, bald leise, bald laut?

Roderich.

Kannst Du sie deuten? lasse uns lauschen,
Was sie künden der süßen Braut!

Comtesse.

Hörst' Du den Finken? Hörst Du ihn singen?
Ein Lied von der Treue —

Roderich.

     Der Finke gilt mir?

Comtesse.

Gar süß ist die Weise — doch wird sie verklingen —

Roderich.

Nie soll sie verklingen!

Comtesse.

    Dann schwöre mir,
Daß auch die Zukunft hält,
Was heute mir der Wald erzählt!

Roderich.

Gern will ich schwören, doch warte bis morgen,
Horche dann wieder dem Wald und vertrau' —

Comtesse.

Gern will ich lauschen heimlich verborgen,
Was er kündet der jungen Frau!

Roderich.

Von einer Rose, ich sah sie glühen
Für mich nur — so duftig —

Comtesse.

    Die Rose gilt mir?

Roderich.

Doch müssen die Rosen, sie müssen verblühen —

Comtesse.
Nie soll'n sie verblühen —

Roderich.
Dann schwöre mir,
Daß auch die Zukunft hält,
Was morgen mir der Wald erzählt!

Beide.
Glaub' mir, die Zukunft hält,
Was rauschend uns der Wald erzählt!

Nr. 14. Couplet.

Nr. 15. Finale.

Martin. Chor.
Glückauf, glückauf! glückauf und geh'n wir's an,
Ein Jeder weiß, was er riskiren kann,
Doch wer was wagt, gewinnt wohl dann und wann,
Darum Glückauf und gehn wir's an!

Schluß.

Druck von C. G. Röder in Leipzig